HANGEN ALLA ELÄMÄÄ

Runojen
puutarhassa

Pertti Lehmuskoski

HANGEN ALLA ELÄMÄÄ

Neljäs runokirja

sarjassa

Runojen puutarhassa

Kangasalla

tammikuussa 2019

Kannen kuva:
Risto Jalokinoksen (1954-2014)
maalaus "Talvi" sarjasta "Neljä vuodenaikaa"

© 2019 Lehmuskoski, Pertti
Kaikki oikeudet pidätetään.
Kustantaja: BoD – Books on Demand, Helsinki, Suomi
Valmistaja: BoD – Books on Demand, Norderstedt, Saksa
ISBN: 978-952-80-0794-4

Sisältää runot:

Aallot

Pieni poika seisoo laiturilla
katsoo jäiselle järvelle

Katsoo miettii muistelee
mieleensä tärkeä kysymys nousee

Mihin aallot ovat menneet
kun ovat johonkin hävinneet

Poika katsoo isäänsä rannassa
paksut rukkaset on pienissä käsissä

Kädet ja rukkaset kohoaa
kun poika näyttää miten järvi aaltoaa

Isäkin järven aallot muistaa
lapsensa kysymykseen hän vastaa

Aaltoaa kun kevät järven vapauttaa
jääpeite sitä nyt hetken pidättää

Tullaan keväällä tänne uudestaan
katsomaan onko vapautunut kuorestaan

Pieni rukkanen sisässä suuren hansikkaan
lähtevät nuo kaksi kotiinpäin kulkemaan

Isä tietää että myös hänen elämässään
on jotain hiljaa vaienneena kuoressaan

Mikä ennen aaltosi ja oli kuin tulessa
on järven aaltojen lailla jään peitossa

Kun auto kaartaa järven rannasta
Hilja Aaltosen laulu soi isän mielessä

”Suo puhallus helluntaituulen
minun syömmeni kynttilään

Sano Herrani että mä kuulen
voitko sammuneen taas sytyttää

Sano Herrani että mä kuulen
voitko sammuneen taas sytyttää”

Armoton Aatu

Aatu on langennut syntiin
vaimo sen omenan antoi
mutta Aatu ei kieltänyt
vaan otti ja söi
vastoin kieltoa
vastoin parempaa tietoa

Aatu siitä sai rangaistuksen
Aatu sai elinkautisen
otsansa hiessä pitää tehdä työtä
kaiken päivää ja kaiken yötä
ei asiaa Paratiisiin
siihen ihanaan Eedeniin

Aatu on armoton itselle
Aatu on armoton muille
ei armoa Aatu tunne
vain vaatimuksia suorituksia
vain näyttöjä
vain tehoja

Aatulla on sydän jäässä
koppalakki on hänellä päässä
ankaruutta levittää
kovuus rakkauden hävittää
hyvyys väistyy
jää vain tehokkuus

Mutta armo tuli ja Aatun voitti
rangaistuksen päältään otti
Aatun elinkautisen
voitti sen armottomuuden
kaiken kovuuden
muutti Aatun sydämen

Aatu ei ole enää armoton
Aatu koki muutoksen
koppalakin heitti pois
kaiken vaatimuksen
kun löysi armon
löysi lähimmäisen

Armollinen Aatu on iloinen
Aatu on kaikille armollinen
ei hän enää lisää taakkaa
hän kantaa toisten kuormaa
levittää rakkautta
kaikki on hänessä uutta

Aurinko armas

Musta taivas
maan yllä pimeys

Lyhyt päivä
senkin yllä hämäryys

Valoon on
ihmisellä kaipaus

Aurinko armas
milloin suot valoas

Aurinko armas
milloin suot lämpöäs

Alkutalvessa
olemme pimeässä

Hapuilemme
maassa hämärässä

Kaipaamme
sun läsnäoloas

Aurinko armas
milloin suot kirkkauttas

Aurinko armas
milloin suot iloas

Aurinkomme Kristus
suo maallemme herätys

Oi Jeesus Kristus
suo kansallemme pelastus

Elämän aamu

Ihmiselämän aamu on lapsuus
ja sen ilta on vanhuus
se on luonnollinen järjestys

Lapsena on kaikki uutta
ja tuoretta ja ihmeellistä

Lapsena näkee ja kokee
asioita ensimmäistä kertaa

Lapsena eläytyy kaikkeen
voimakkaasti koko painollaan

Lapsena tuntuvat juhlat
joulut jouluvalmistelut
lahjat laulut tuoksut
joulukoristeet
kaikki niin erikoiselta
ja voimakkaalta

Lapsuuden yllätykset
kokemukset muistot ja lahjat
syöpyvät mieleen
lähtemättömästi

Hyvät ja kauniit muistot
ovat kuin suuria aarteita
ihmiselämän läpi
muistojen aarrekammiossa

Siksi on tärkeä että
jokaisella lapsella on
hyvä ja turvallinen lapsuus

Vanhana mennään iltaa kohden
ja on tärkeä että jokaisella
on hyvä ja turvallinen vanhuus

Illalla nukahdetaan uneen
sitä varten että voidaan herätä
unen jälkeen uuteen aamuun

Usko Herraan Jeesukseen
Pelastajaan ristin mieheen
antaa ihmeellisen lupauksen
että noustaan uuteen aamuun
sellaiseen jonka kaltaista
ei täällä voi käsittää

Jeesuksen armosta
Hänen rakkautensa ristinsä
ja verensä tähden
kun täältä uskossa lähdetään
ja nukahdetaan
noustaan uuteen aamuun ihanaan
kirkkaaseen päästään taivaaseen
kotiin iankaikkiseen

Erilaisia kyniä

Jokainen on kynä
jonkinlainen
jokainen ihminen jättää
jäljen elämään

Joku on lyijykynä
mustavalkoinen
sitä teroitetaan
se on hyvä ratkomaan
laskuja ja tehtäviä
virheitä ehkä pois pyyhitään
uutta kirjoitetaan
sillä ongelmia ratkotaan

On kyniä värillisiä
sinisiä punaisia
keltaisia kaikenlaisia
niillä saadaan kuvia kauniita
monenvärisiä

On mustekyniä
kaunisjälkisiä
niillä tehdään kirjoituksia
kauan aikaa kestäviä

Lie muitakin
mutta huomattava on
ettei yksikään kynä kirjoita
itsestään

Tarvitaan joku
tarvitaan käsi joka kirjoittaa
tarvitaan joku joka ajattelee
joku joka omanlaistaan
jälkeä sillä tuottaa

Jos kirjoittaja ajattelee
rumia likaisia väkivaltaisia
petollisia ajatuksia
hänen kätensä tarttuu kynään
ja kirjoitukset on sen mukaisia

Jos kirjoittaja on täynnä
rakkautta
hän kirjoittaa rakkauskirjeen
kauniin
rakkautta täynnä olevin
kirjaimin
hänen sanansa kirjaimensa
tuoksuvat kukkakedolta
mirhalta hajuaineilta
nardusvoiteelta

Riippuu siitä
kuka kynää käyttää
kuka kirjoittaa
kuka kynällä värittää
ja piirtää

Kirjoittaako minussa
minulla
tällä kynällä
tämän ajan voimat
itsekkyys himot pahuus
ilkeys haureuden vallat

Kirjoittaako
kynällä kestävällä

Kristus

taivaallisilla sanoilla
hyvillä puhtailla
puhdistetuilla
väreillä

Jeesus

taivaaseen asti kestävää
sielläkin luettavaa
katseltavaa
oikein ratkottua
oikein valittua
elämän jälkeä

Hangen alla elämää

Hangen alla elämää
siellä joku herää
ompas täällä kylmää
viikset ihan väpättää
uni enemmän miellyttää
nukkuja ympäri käännähtää

Hangen alla elämää
kaikki kesällä kukoisti
luonto kasvoi villisti
marjaa tuli runsaasti
sitä syystuuli kohteli rajusti
nyt kevättä taas odottaa kovasti

Hangen alla elämää
olin päässyt kesän iloihin
mieltynyt lämpimiin keleihin
en halunnut talven pakkasiin
maa peittyi kuitenkin kinoksiin
olen joutunut minäkin peitoksiin

Hangen alla elämää
täältä me vielä noustaan
tuoretta kevättä odotetaan
toisiamme rohkaistaan
kuljetaan aikaan valoisaan
kesän lämpöön palataan

Hengen alaista elämää
ennen koettiin sydämissä
seurakunnan kokouksissa
kaikissa tilaisuuksissa
mitä on tapahtunut minussa
omassa sisäisessä maailmassa

Hengen alla elämää
vielä saadaan uudestaan
tuoretta elämää taivaastaan
Hengen kastetta vain armostaan
alla Hengen elämää maistetaan
uudelleen Jeesukseen rakastutaan

Herätys

Armeija-aikana Kainuussa
hiihdettiin kerran päivä
ja seuraava yö
yhteen soittoon

Aamulla olin niin väsynyt
että nukahdin istualleen
sukset jalassa
repun päälle
kovassa pakkasessa

Ylikersantti Visti
törkkäsi sauvalla selkään
ja komensi
pystyttämään telttaa
lupasi että kohta
saadaan sapuskaa
ja sitten pääsee nukkumaan

Vääntäydyin pystyyn
ja pyörin mukana
teltan pystytyksessä
sain pakin täyteen
lämmintä keittoa
ja palan vanikkaa
kohta olin
täydessä unessa
puolijoukkueteltassa

Se oli parempi niin
kuin olla unessa
istualtaan
repun päällä
kylmässä pakkasessa
kouluttaja tiesi
paremmin kuin
sammunut varusmies
vajonneena uneensa

On se hyvä
jos joku herättää
kun ihminen vajoaa
uneen tässä kylmässä
maailmassa
ja on ihan hukassa
se voi johtaa ikuiseen
onnettomuuteen

Idän viisaat miehet

Syttyi uusi kirkas tähti
taivaalle loistamaan
synnyinyönä tuona suuren
ihmeellisen kuninkaan

Idän mailta silloin lähti
uutta kirkasta tähteä seuraamaan
kaukaa kolme viisasta miestä
syntynyttä kuningasta etsimään

He eivät vaivojaan säästelleet
he olivat tätä kauan odottaneet
jo pitkään tähtiä tutkineet
Sanasta siihen ohjeet löytäneet

Viisaat miehet idästä tulivat
etsivät kysyivät ja löysivät
tien luo kauan kaivatun Messiaan
joka vihdoinkin tuli maailmaan

Viisaat miehet eivät olleet
tyhjin käsin matkalle lähteneet
oli kultaa suitsuketta ja mirhaa
kolme kallista lahjaa kuninkaan

He kumarsivat ja osoittivat kunniaa
kiittivät kaikesta elävää Jumalaa
joka antoi tähtensä johtamaan
kolmea viisasta idän maan

He olivat nöyriä ja siksi viisaita
sellaisia kuuliaisia kulkijoita joita
Jumala pystyi unessa ohjaamaan
Herodeksen pahuutta uhmaamaan

He olivat idän viisaita miehiä
näyttäen tänään meillekin tietä
lähteä Jeesusta etsimään
ja nöyrästi Häntä seuraamaan

Jouluaaton aamuhetki

On jouluaatto aamu varhainen
hiljainen
katson pimeään
kaikki nukkuvat vielä vuoteillaan

Ajattelen muistan Jeesuksen
Pelastajan
minun elämäni Auttajan
tänään saan olla Hänen kanssaan

Ilo ja riemu täyttää sisimmän
ihan hiljaa
aivan yksinään
alan Jeesusta sydämessäin kiittämään

Ei ilo ulkonaisen juhlan tähden
ei lahjojen
ei ruokien
on ilo tähden taivaallisen rakkauden

Tämä ilo ja ylistys nousee armosta
Jeesuksesta
Messiaasta Kristuksesta
maailmaan tulleesta Vapahtajasta

Tänään aamun aikaisena hetkenä
tunnen sen
ja riemuitsen
uskoen koen läsnäolon Jeesuksen

Joulumatka mummolaan

Perheen matka kulkee
lumisessa maisemassa
itäisessä Suomessa
auto on ihan lumessa
lunta on puissa ja maassa
tiellä ihan kinoksissa

Perhe matkaa melkoisessa
sakeassa tuiskussa
isä istuu ratissa
yrittää huonossa säässä
pitää autoa suunnassa
toisten avaamassa urassa

Yhdessä kohdassa
kaikki muuttuu
ajo selvästi helpottuu
isähän aivan rentoutuu
ilmeensäkin vapautuu
tie on täällä aurattu

Kulkuväylä on avattu
aura-autolla äsken juuri
on tästä kohdasta ajettu
pian on matka taitettu
pian päästään mummolaan
joulujuhlaa viettämään

Mummolassa saunotaan
saunassa pitkään viivytään
mummo on paljon leiponut
pullat ja kinkut paistanut
pöytänsä täyteen kattanut
lahjat valmiiksi laittanut

Illalla jutellaan matkasta
sehän on vertaus joulusta
meille on tie valmistettu
tie seimeltä aloitettu
on ristille saakka kuljettu
taivaaseen asti avattu

Kun seuraamme Jeesusta
Hän estää meitä eksymästä
Hän nostaa ylös urista
vapaina olemme entisestä
hyvyyttään voimme maistaa
ja saamme Herraa ylistää

Jouluruno

Ei kaupungin parhaaseen hotelliin
ei mahtavan katedraalin holvien suojiin
ei puhtaisiin sairaalan huoneisiin
ei kätilöiden varmoihin auttaviin käsiin
ei pihasaunankaan löylyihin lämpöisiin

Ei kuninkaan linnan loistoon ja kultaan
ei ihmisten eteen salamoiden valoon
ei ylhäisten ihmisten joukkoon jaloon
ei valtiaiden suureen suosioon
vain syliin lämpöiseen lepäämään

Ulos kedolle keskelle eläinten elämää
keskelle kylmän yön turvattomuutta
keskelle kaikkea avuttomuutta
kaikkea pahaa rakkaudettomuutta
syntyi lapsi tähän pimeään maailmaan

Lähelle halpojen paimenten työmaan
veronmaksajien joukkoon vaeltavaan
keskelle alhaisten tavallisten ihmisten
lapseksi köyhään puusepän perheeseen
pakolaiseksi maahan vieraaseen

Keskelle Jumalan suurta luomakuntaa
alle valtavan kirkkaan tähtitaivaan
oikeaan aikaan Jumalan suunnitelmassa
taivaan enkelijoukkojen valvonnassa
heinissä oljissa eläinten suojassa

Pientä ihmistä täällä auttamaan
kärsimään puolestaan ristillä kuolemaan
uhrikaritsaksi ainoaksi Pelastajaksi
ihmiseksi tänne syntiseen maailmaan
suostui Jumalan Poika lapseksi tulemaan

Joulun paras vierailu

Poika niin tomerasti kulkee
lumista tietä astelee
hedelmäkori on käsissään
hän siitä on niin mielissään

Pipo on päässä syvällä
kengännauhat löysällä
nenänpäässä on punaista
höyry nousee pojan suusta

Saapuu pienelle mökille
kolkuttaa mökin ovelle
kynttilä palaa lyhdyssä
luuta on oven pielessä

Ovi aukeaa narahtaen
vanhat on jo saranat sen
mummon pää työntyy esiin
postia odottaa hän vissiin

Mummo ilahtuu nyt kovin
tämäpä yllätys on hauskin
pojan pian hän kutsuu sisään
pienen tupansa lämpimään

Poika istahtaa keinustuoliin
heilauttaa keinun vauhtiin
mummo juttelee kivoja
ja paistaa joulupullia

Kun poika lopulta nousee
sanoo että nyt hän lähtee
ei poika lähde tyhjin käsin
vaan herkuin kotiin viemisin

Poika kantaa suurta pussia
vastaleivottuja lämpimiä
saa mummolta halauksen
lämpimän rutistuksen

Siunausta jouluusi lapsi
olit minulle suureksi iloksi
mummon terveiset vie kotiisi
Jeesus olkoon kanssasi

Kanssasi kuljen

Itken
kun sinä itket
kun näen sen
takaa kyynelten
itkuisten silmien
katseesi tuskaisen
läpi suurten painojen
elämän tuomien
jakaa tahtoen
kipusi suuren
kanssasi kuljen
tukien
itkuasi itkien
rukoilen

Viivyn ja vaikenen
hiljaa vaan
rukoilen
vain pienen pienen
sanasen
kuiskaten
sydämelles laskien
sanan kestävän
ikuisen
rakkauden
toivoen sen
lohdun tuovan
Jeesuksen
suuren Paimenen

Lapseni
sinua rakastan
sinut syliini otan
hoidan ja kannan
siinä itkusi
itkeä annan
sydämesi särkyneen
Minä parannan
elämäsi sirpaleet
kerään ja korjaan
niistä uuden astian
rakennan
astian vahvemman
sinulle ojennan

Itken
kun sinä itket
koen ja näen
sen pimeyden
yön josta pois on
paiste valojen
sanat lohdutuksen
kanssasi kuljen
saat nähdä sen
sinä kuljet seurassa
maailman Valkeuden
Voittajan tuskien
joka tietää määrän
ihmisten kyynelten

Kuka vastaa

Kysyin kerran kuutamossa
metsässä kuun valossa
tännekö päin
vai tuonne
siihen seisomaan jäin
edessäin vain puita näin

Kysyin puilta
näyttääkö ne suuntaa
ojentuuko oksansa etelään
osoittaako latvat itään
ehkä länteen tai pohjoiseen
kuulin vain tuulen kuiskauksen

Huusin tuuleen
onko siellä ketään joka kuulee
mihin suuntaan tuuli etenee
ilmako vain liikkuu
ja sieltäkö kulkijaa ilkkuu
pilvestä tuli esiin kuu

Osaako kuu sanoa
osaako se mitään puhua
se kiertää vain omaa kiertoaan
välillä tyhjästä täydeksi suurenee
välillä täydestä tyhjenee
mutta siellä todistaa se Luojastaan

Puhuin vihdoin lopuksi Luojalle
maailman kaikkeuden tekijälle
ja Hänen ainoalle Pojalleen
ja Hän puhui minulle sydämeen
kuulin ja tartuin tähän puheeseen
lähdin kulkemaan tietään seuraten

Kylmä tuuli

Mitä on tämä kylmyys
mitä tämä ahdistus
jota sisälläni tunnen
mitä on tämä vihainen
viimainen
niin kolean oloinen
pahalta tuntuva tuuli
joka läpi sieluni
sisimpäni
sydämeni
niin julmana tuulee

Missä olet sinä entinen
lämmin
iloinen
aurinkoinen
kesän rauhallinen
hyvän olon tuuli
entisten kesien
lapsuuden
nuoruuden
iloisten aikojen
missä äänesi kuulee

Missä olet sinä
lämmön lähde sydämen
sinä joka ennen
annoit ihmisille
pysyvän onnen
kun he etsien itkien
kaipasivat luokse lähteen
annoit ilon ja onnen
annoit lämmön
puhdistit sydämen
annoit elämän uuden

Sinua kaipaan
sinä entisaikojen
entisten sukupolvien
voimallinen
armollinen
rakkaudellinen
Jumala iankaikkinen
tuulesi lämpöinen
läsnäolosi ihmeellinen
edessäsi olen
rukoilen luoksesi pyrkien

Ymmärrän
se mitä halveksin
huonona pidin
luotasi lähdin ja pakenin
se parasta on
vain se antaa levon
puhtaan omantunnon
löydän luonasi armon
anteeksiannon
sydämeni auki on
kätesi kosketuksen tunnen

Tätä vain kaipaan
luoksesi jään
turvaan Sinuun Vapahtajaan
sydämeeni
sisimpääni
lämmön Antajan saan
rakkauden
ikuisen kesän kirkkauden
tämän suuren ilon jaan
luoksesi kutsumaan
riennän muitakin etsimään

Lapsen joulumieli

Äiti miksi joulua vietetään
pieni lapsi kysyy äidiltään
katsoo suurin vakavin silmin
vilpittömin kasvoin kysyvin

Äiti menee hiljaiseksi
on hiljaa hetken miettien
lopulta sanoo vastaukseksi
se on syntymäpäivä Jeesuksen

Pidetään juhlat Jeesukselle
sanoo lapsi äidille
annetaan lahjoja hänelle
syntymäpäivän sankarille

Näin yhdessä sovitaan
juhlat Jeesukselle pidetään
mutta mitä lahjoja annetaan
vai juhlitaanko vain muuten vaan

Kun yhdessä mietitään
niin hyvä vastaus löydetään
annetaan itsemme ja sydämemme
lahjaksi hänelle kiitoksemme

Toisille kerrotaan Jeesuksesta
Jeesuksen suuresta rakkaudesta
sitä varmaan hän haluaa
joka ihmistä niin rakastaa

Lapsi iloisesti hymyilee
kun äiti illalla peittelee
uusi pehmeä nalle kainalossa
nukahtaa lapsi rauhassa

Äiti valvoo vielä miettien
lapsi on hänelle näyttänyt sen
joulun tärkeimmän sanoman
Jeesus-lapsen syntymän

Luomistekojen kauneus

Ihmeellinen
kaunis
heteineen
kukintoineen
väreineen
herkkine vivahteineen
vihreine runkoineen
elävine lehtineen
on kukka
pieni kukka ruukussa

Lepattava
herkkä
eloisa ja elävä
oranssine
punaisine
keltaisine väreineen
lämpimine liekkeineen
niin kaunis
on tuli
pieni tuli lyhdyssä

Lentelevä
hento
pyrähtelevä
siipineen
väreineen
pienine pyrstöineen
kaunis katsoa
seurata
on lintu
pieni lintu pihapuussa

Ihmeellisin
kaunein kaikista
suloisin
pyöreäposkinen
iloinen
tai itkuinen
tuhiseva
lepertävä
on lapsi
pieni lapsi kehdossa

Ojentaudu katsomaan
lähempää
jää miettimään
ajattele ihmettä
ajattele elämää
elämä luotu
on kulkenut
läpi aikojen
katkeamatta
kautta sukupolvien

Ojentaudu katsomaan
suuruuttaan
tekojaan
väkevyyttä
voimaansa
Luojan mahtavuutta
avaruutta
kauneutta
rakkautta
jolla Hän sinua rakastaa

Maria äiti Vapahtajan

Maria katsoitko lastasi
edessäsi omaasi
kauneinta
ihaninta
suloisinta näkyä
mitä täällä olla voi

Maria katsoitko lastasi
niinkuin jokainen äiti
omaansa
suloisinta
pientä syntynyttä
sydän täynnä rakkautta

Maria mietitkö ihmettä
ennustusta enkelin
armoa
kirkkautta
Isän rakkautta
sitä käsittää ei täysin voi

Maria tunsitko iloa suurta
koskettaessasi syntynyttä
otsaansa
poskeaan
huuliaan puhtaita
pienen pieniä varpaita

Maria tiesitkö lapsesta
tuosta ihanasta kääröstä

viattomasta
nukkuvasta
ihmeestä suurimmasta
kerran tulee Vapahtaja

Maria ymmärsitkö lapsesi
Hän esikoisesi
Messias
Kuningas
ennustusten täyttymys
on kärsimysten ristin mies

Maria kuuliaisuutesi tähden
nöyryytesi nähden
valitsi
armoitti
kutsui sinut äidiksi
Jumala omalle Pojalleen

Maria nukahditko väsyneenä
synnyinyönä tuona
autuaana
onnellisna
äitinä Pojalle palvotulle
maailman Vapahtajalle

Maria kanssasi nyt saamme
ottaa vastaan Kuninkaamme
Messiaamme
Mestarimme
Pelastajamme tänään
käydä Häntä palvomaan

Maria-äidin ilo

Maria-äidin ilo
tässä se on
poikalapsi
josta enkeli kertoi
ennusti
neitsyelle
nuorelle tytölle

Maria-äidin ilo
tässä se on
edessään seimessä
yön pimeässä
tähtien tuikkiessa
kirkkaalla taivaalla
karjatallin yllä

Synnytät lapsen
pojan
Jumalan Pojan
Jeesuksen
Pelastuksen
vapautuksen
koko maailman

Maria-äidin ilo
täydellisenä
väsyneenä
vaistoten sen
tämän ihmeellisen
lapsen taivaallisen
tie on tuskien

Maria-äidin ilo
kedon paimenet
idän vieraat miehet
he sen näkevät
ilon jakavat
palvovat kumartavat
lastaan ylistävät

Joulun ilo
uskomme kirkas valo
maailmalle
meille kaikille
ilo meidän sydämille
Vapahtaja on syntynyt
meille syntisille

Mitä on selkäni takana

Mitä on minun selkäni takana
mitä piilottelen siellä
onko jotain salattavaa
onko jotain mitä häpeän
jotain minkä yritän piilottaa

Jos olen kova ja nahkani paksu
voin petoksessani onnistua
jos olen herkkä ja läpinäkyvä
kaikki salattu näkyy sanoistani
olemuksestani kasvoiltani

Jos käännyn katson ja kohtaan
kasvoista kasvoihin häpeäni
niin että se on edessäni
ei enää selkäni takana
saan siitä otteen ja selviän

Hoidan sen asian
niin että kohtaan sen ja puhun
tunnustan sen Jumalalle
tunnustan ihmiselle
jos olen jotain velkaa hänelle

En jää sitä enää kantamaan
en anna sen jäädä painamaan
annan sille luvan mennä
upotan sen mereen armon mereen
Jeesuksen sovintovereen

Mäen lasku

Mäki ei ollut kummoinen
pieni kumpare reunassa pellon
minulle se oli kuin Holmenkollen
se kuuluisa hiihtostadion
jossa Veikko Kankkonen
hyppäsi mäkikisan voiton

Kummun päältä pellon suuntaan
aloin hyppyriä rakentamaan
ensin latua suksilla tallasin
sitten hyppyrin nokan värkkäsin
omasta mielestäni hyvin tuloksin
se oli minusta mitä mainioin

Koulun jälkeen yhtenä päivänä
marssin rautapuotiin päättävänä
sieltä mopomiehen lasit löysin
kauppiaalle niistä hinnan maksoin
ylpeänä kotiin astelin
ja äidille ostoksen esittelin

Ilman sauvoja sukset jalassa
hyppyrimiesten lasit päässä
kummun päällä seisoin
oikein miestä mielestäni olin
sukset liukuun potkaisin
ja mäkeä alas hiljaa liu'uin

Hyppyrin kohdalla ponnistin
itseni suoraksi oikaisin
pian alas läiskähdin
ja kun lennon sitten mittasin
niin lennon mitaksi huomasin
olin lentänyt vain jokusen sentin

Minua se ei haitannut yhtään
laskin vaan aina uudestaan
olin kuin mestari vauhdissaan
joka juhlii iloiten voittoaan
ja nostin kädet ilmaan
pystyin vastustajat voittamaan

Elin todeksi pientä unelmaa
ihan omaa lapsen maailmaa
ei ollut yhtään pilkkaajaa
onnekseni ei ollut katsojaa
joka olisi kaiken pilannut
ja lapsen unelman tuhonnut

Paimenten lailla

Kedon paimenet istuvat laumaansa vahtien
vaaroja on paljon tuossa suuressa erämaassa
nyt lampaat ovat turvassa hiljaa nukkuen
nuotiossa palaa tulen liekki hiljalleen

Näemme kuinka enkeli ilmestyy
kirkkaudestaan koko erämaa äkkiä täyttyy
ankeus pimeys kaikki murheet huolet
hetkessä kirkkaan valon alle peittyy

Enkelin ilouutinen sen kaiken muuttaa
kun hän ilmestyy ja kedon paimenille julistaa
sanoman Vapahtajasta juuri syntyneestä
he voivat hänet löytää seimestä nukkumasta

Näemme nyt paimenten kiireesti juoksevan
katsomaan tuota ihmeellistä lasta Marian
kauan odotettu se ennustettu Poika Jumalan
tulee olemaan ainoa toivo syntisen maailman

Näemme kuinka paimenet seimelle saapuu
lapsen vastasyntyneen edessä he polvistuu
ylistykseen avautuu kedon paimenten suu
sanat enkelin Maria-äidin sydämeen tallentuu

Ilo suuri ja riemu jää paimenten elämään
kun he palaavat lampaitaan paimentamaan
kun koko maa jälleen peittyy pimeään
jää Jeesus paimenten sydämiin asumaan

Paimenet nuo tuovat meille joulun sanoman
kuulemme sen nyt myös meitä koskevan
meidän sydämiin tulee sama ilo tänään
kun käymme Herraa Jeesusta palvomaan

Pakkaslumi

Kun taivaalta sataa lunta
se peittää pikku hiljaa maan
lumipeite lisääntyy ja kinostuu
maahan voi muodostua kerroksia
voi olla vanhaa lunta kovaa lunta
voi olla likaista lunta
päälle voi sataa uutta puhdasta lunta
välillä voi lämmetä välillä pakastua

Kun lumi leijailee alas
se on pieninä hiutaleina
lumihiutaleet laskeutuvat yksittäin
ne laskeutuvat yksin
ei käsi kädessä vaan yksin kauniisti
lumihiutaleet ovat tosi pieniä
kauniita hentoja
pakkaslumi on herkkää ja kaunista

Maahan asti päästyään lumi kasautuu
se peittää pian mustan maiseman
saa sen valkeaan puhtaaseen pukuun
ei enää yksittäiset hiutaleet yksin
vaan kaikki yhdessä kinoksina
nietoksina valkeana maisemana
nyt ei enää katsella pientä hiutaletta
vaan suurta lumista talvea

Elämän hetket laskeutuvat erilaisina
vaikeat ja helpot asiat tulevat yksin
yksi päivä ja yksi asia kerrallaan
tulee lumituiskua ja suojalunta
tulee hentoa kaunista pakkaslunta
kaikki muotoutuu elämäksi
kokonaiseksi minun omaksi elämäksi
kokemuksiksi ehkä viisaudeksi

Puhdas lumi tekee maan kauniiksi
se peittää kovan vanhan lumen
suojalumen likaisen lumen
puhtaus jonka Jumalan Sana antaa
tekee sydämen kauniiksi
tekee sanat helliksi ja puhtaiksi
anteeksianto ja Jeesuksen armo
tekee ihmisen taivaskelpoiseksi

Papan ja mummun jouluilta

Pappa ja mummu
jo vanhoja molemmat
käsi kädessä kulkevat
bulevardin puiden alla
paksut talvivaatteet
päällään molemmilla

Pappa ja mummu
kertaavat vanhoja muistoja
nuoruuden kulta-aikoja
yhdessä elettyjä vuosia
nyt tasajalkaa
tekevät hiljaista matkaa

Pappa ja mummu
jouluvaloista nauttivat
lumihiutaleita ihailevat
näitä katuja laahustavat
suuren kuusen juurelle
istuutuvat penkille

Pappa ja mummu
siinä hiljaa istuissaan
viipyvät hetken muistoissaan
ne monet lapsuuskodin tavat
ihanat joulunajat
mieleensä palautuvat

Pappa ja mummu
hiljaa seisomaan nousevat
omaan kotiinsa suuntaavat
vuoteilleen asettuvat
kädet ristiin laittavat
yön unille itsensä siunaavat

Pappa ja mummu
siinä hiljaisessa kodissa
vanhuutensa illassa
käsi toistensa kädessä
vierekkäin nukkuvat
kahdet kasvot iloa loistavat

Profeetan tehtävä

Johannes tulee erämaasta
mies karvainen
kamelinkarva-asuinen
nahkavöineen
takkuisine hiuksineen

Profeetta astuu Jordanille
virtaavan veden äärelle
saarnaa ihmisille
sadoille ja tuhansille
janoisille luokseen tuleville

Mies Jumalan lähettämä
Kirjoitusten ennustama
julistaa parannusta
kääntymistä pois synnistä
kaikesta pahasta vääryydestä

Puhuu papeille ja hurskaille
parannuksen sanoja heille
puhuu sotilaille
veronkantajille
vanhurskautta jokaiselle

Ihmiset sanansa kuulevat
toiset paatuvat
toiset katuvat ja kääntyvät
toiset luotaan lähtevät
toiset nöyrtyvät

Ne jotka katuvat
kääntyvät ja nöyrtyvät
syntinsä anteeksi saavat
he Jordaniin astuvat
kasteensa vastaanottavat

Johannes Jeesusta osoittaa
"Katso Jumalan Karitsaa
joka pois ottaa maailman
synnin" hän julistaa
nyt tästä Jeesus työtä jatkaa

Myös oppilaansa
omat läheiset seuraajansa
hän antaa Jeesukselle
itseään suuremmalle
arvoisalle jälkeen tulijalle

Tehtävä on täytetty
tie valmistettu
Johannes väistyy vähentyy
tässä tulemisensa syy
että Jeesus kirkastuu

Edelleen tarvitaan
ihmistä tähän tehtävään
astumaan esille
avaamaan tietä toisille
tuomaan heidät Jeesukselle

Puhdas rakkaus

Puhdas rakkaus
onko sellaista
täydellistä
kaikesta itsekkyydestä
vapaata

Onko äidin rakkaus
suloista ihanaa
lastaan kohtaan
sellaista
puhdasta rakkautta

Onko itkevän äidin
sydäntä särkevä
rakkaus sellaista
vaikeasti sairaan
lapsensa vieressä

Onko miehen rakkaus
rakastamaansa
nuorta vaimoa kohtaan
rakkautta
parhaimmillaan

Onko isäksi tulevan
miehen rakkaus sitä
synnytyssalissa
tuskaista vaimoaan
kädestä pitäessään

Onko vanhan mummun
rakkaus kuolemaa
tekevän miehensä
vuoteen äärellä
puhdasta rakkautta

En tiedä
ei kukaan voi sanoa
onko sellaista
ei taida löytyä täällä
pätevää tuomaria

Sen vain voi sanoa
että agabe rakkaus
tarkoittaa puhtainta
kaikesta itsekkyydestä
vapaata rakkautta

Sillä rakkaudella
Jumala rakasti maailmaa
sen tähden Hän lähetti
ainoan Poikansa
kuolemaan ristillä

Sen rakkauden tähden
jokainen joka uskoo
pelastuu
eikä yksikään huku
joka Häneen turvaa

Jumalan rakkaus on
täydellinen
itsekkyydestä vapaa
se on puhdas rakkaus
sinua ja minua kohtaan

Rakkaus on

Rakkautta on
jakaa välittää ja levittää
kauniita hyviä sekä puhtaita asioita

Elämässä on niin paljon
mustia pimeitä pahoja ja ikäviä
murehduttavia ja taakoittavia asioita

Rakennuksessa voi olla
vikoja halkeamia ja korjattavaa
jotka rakennusmies uusii ja korjaa

Kalaverkossa voi olla
reikiä repeämiä sotkuja ja solmuja
jotka kalastaja paikkaa ja selvittää

Rakkaus ei lisää
rumuutta pimeyttä reikiä ja repeämiä
vaan se pyrkii aina vähentämään niitä

Rakkaus levittää
armoa rauhaa uskoa iloa ja toivoa
se vapauttaa menneisyyden kahleista

Rakkaus ei peitä totuutta
valheella laastarilla näennäistotuudella
vaan avaa silmät näkemään ikuisuuden

Rakkaus on tullut ja sanoo
Minä olen tie totuus ja elämä
ollakseen uusi suunta kotiin Isän luo

Rakkaus on tullut ollakseen
lammasten ovi paimen ja uhrikaritsa
että meillä olisi elämä ja yltäkylläisyys

Rakkaus

Rakastan jos olen
saanut kokea rakkautta
hyväksyn toisen ihmisen
jos olen itse hyväksytty

En tarkoita sitä tunnetta
himoa ja halua
itsekeskeistä erosta
lihallista rakkautta

Tarkoitan agapeta
ja filia rakkautta
ystävällistä ja hyväntahtoista
epäitsekästä itsensä uhraavaa

Rakastan kyllä läheisiäni
perhettäni lapsiani omiani
vaimoani äitiäni rakkaitani
tahtoisin rakastaa lähimmäisiäni

Näen yhden mahdollisuuden
näen Jeesuksen ainoan
joka oli sellainen täydellinen
Hänessä näen Suuren Rakkauden

Olen Hänessä rakastettu
olen täysin hyväksytty
olen kokenut tuon rakkauden
olen löytänyt Jeesuksen

Ojennan käteni
sanon että rakastan sinua
olet rakastettu ja hyväksytty
tartu käteeni ja ystävyyteeni

Ole rakastettu

Risuna nuotiossa

Sanotaan
että vielä se aurinko paistaa
myös risukasaan

Tänään
vuoden pimeimpänä päivänä
ei paista paljon mihinkään

Mutta elämänsä risut
voisi kerätä ja laittaa nuotioon
sytyttää ne palamaan

Jos on olo
kuin olisit arvoton risukasa
pyri tuleen pääsemään

Arvoton
voi pyytää ja pyrkiä syttymään
pienen tehtävän saamaan

Jumalan tuli
lämmittää valaisee vahvistaa
antaa osan arvokkaan

Ruukku ja kukkanen

Ruukku savinen
ei minkään arvoinen
rosoinen
ruskean värinen
likainen
pois-heitto-kuntoinen
mihin käyttäisin sen

Nyt paikan tarvitsen
istuttaisin kukkasen
pikkuisen
kauniin värisen
iloisen
iloksi ihmisten
mihin minä istutan sen

Ruukku ja kukkanen
nehän sopii toisilleen
savinen halpa-arvoinen
ja iloinen kukkanen
yhdistelmä täydellinen
ruukun vain pesen
istutan siihen kukkasen

Ihminen vaikka vähäinen
kuin ruukku rosoinen
sisältä likainen
kapinallinen
alla monien painojen
siteissä syntien
löytää tarkoituksen

Armon kukkanen
sana suloinen
lähde rakkauden
tuo ilon sydämeen
anteeksiantaen
puhdistaen
muuttaa koko ihmisen

Ihminen rosoinen
ja armo Jeesuksen
sopivat toisilleen
tulee uusi ihminen
iloinen kiitollinen
toisille armollinen
tänään istutan kukkasen

Saarnavuoro

Nuori pappi sakastissa
on tänään saarnavuorossa
vanhempi pappistoveri
alttarille lähtiessä
on sanonut jotain kovaa
loukkaavaa
sellaista mikä satuttaa

Nuori pappi jää sakastiin
painautuu polvilleen
maahan painaa katseen
miksi juuri tänään nyt
on toinen näin lyönyt
sivaltanut
en tällaista odottanut

Nuori pappi kuulee
saarnavirren alkaneen
nousee ja ovelle astelee
veljeään siunaten
saarnaspönttöön nousee
rukoilee
ja Raamattunsa aukaisee

Nuori pappi ympärilleen
kirkkosaliin suureen
kansanjoukkoon hartaaseen
katsoo odotuksen tuntee
on sana Herran oltava
saatava
ei omat sanat tänään auta

Nuori pappi murtuneella
juuri satutetulla sydämellä
alkaa puheen paimenesta
lyödystä hyljätystä
Golgatan ristin miehestä
Vapahtajasta
saarnan tuoreen taivaasta

Nuori pappi kokee ihmeen
Jumala täyttää murtuneen
kirkkosaliin suureen
laskeutuu läsnäolo Jeesuksen
sydämiin mieliin ihmisten
kielellä sydänten
uppoaa sanoma parannuksen

Nuori pappi lopettaa
murtunein mielin askeltaa
taisteluaan jatkaa omaa
tuntee kuitenkin nyt
tänään on Jumala puhunut
ilmestynyt
iskua veljen tähän käyttänyt

Syytökset

He toivat Hänen luokseen syntisen naisen
joka oli tehnyt aviorikoksen
laki käski antamaan tälle langenneelle
oikeudenmukaisen rangaistuksen
mutta nyt oli syy aivan toinen
kun he virittivät ansan Jeesukselle
saadakseen Häntä vastaan syytöksen

Mitä Jeesus nyt tekisi naiselle
ja mitä sanoisi kivittäjille
tässä on tärkeä opetus kaikille meille
Hän kumartui piirsi sormellaan hiekalle
nousi sitten ylös ja sanoi heille
heittäköön ensin joka on syytön
kiven voi heittää joku synnitön

Kun tämän kuulivat nuo hurskaat ja hyvät
he kaikki paikalta pakenivat
vain Jeesus ja syntinen nainen jäivät
Jeesus katsoi ja kysyi missä nyt ovat
nuo kaikki syntisen tuomitsevat
eikö kukaan heistä kiveä heittänyt
eikö kukaan lain mittaa täyttänyt

Nyt enää syntinen ja Jeesus kanssaan
Hän joka tarjoaa kaikille armoaan
en minäkään sinua tuomitse
mene äläkä enää syntiä tee
Minä olen maailman valkeus
Minun seurassani väistyy pimeys
koetaan armo rakkaus ja Jumalan hyvyys

Taivas iskee silmää

On yö
ja on marraskuu
vuoden pimeintä aikaa
ihmisen mieltä se masentaa

On yö
mutta on täysikuu
se valaisee maisemaa
tyhjien puiden läpi kajastaa

On yö
pilvien peittämä kuu
sieltäkin se valoa heijastaa
ei omaa vaan auringon antamaa

On yö
yhtäkkiä näkyy kuu
kirkkaana hetken loistaa
kuin silmäluomiaan raottaa

On yö
hetken loistaa nyt kuu
kuin silmän isku taivaan
ihmisten pimeään maailmaan

On yö
ihmiskunta nukkuu
tämä synnin peittämä maa
tunteeko enää elävää Jumalaa

On yö
maa syntiin hukkuu
vaan jos joku etsii Auttajaa
sen puoleen taivas katsahtaa

On yö
silloin risti kirkastuu
rauhaa virtaa sydämeen
saa syntinen armon itselleen

Tuskien työmaa

Kuin kaivuri
kuin kauhakuormaaja
joka kaivaa maata
niin kaivaa sydämestä
koskettaa syvältä
ei oman itseni tähden
ei oman kivun tähden
vaan toisten kipujen
toisten hädän ja tuskien
toisten kärsivien ihmisten

Kuin kuormuri
kuin suuri rekka-auto
ottaa maan ja hiekan
tahtoisin olla minäkin
kaiken kivun ja hädän
toisten ihmisten kärsimän
kaiken tuskan kuorman
ihmisten kantaman
minä ottaisin ja
hyvin kauas kuljettaisin

Vain kuin lapio
kuin pieni kottikärry
vain palan ja kiven
vien kerrallaan
sellainen olen minä vaan
enempään pysty en
kuin kantaa yhden kiven
pienen hädän annoksen
vierellä toisten ihmisten
olen hiljaa ja kuuntelen

Mutta on auttaja
on taakkojen kantaja
on kipujen mies ja
sairauden tuttava
joka on jo kantanut
kaikki kivut ja tuskat
synnit päällensä ottanut
hänen haavojensa tähden
hänen ristinsä tähden
me olemme parannetut

Tyhjä pesä

Miltä lintuemosta tuntuu
kun viimeinen poika lentää pois
onko olo tyhjä
onko työ nyt tehty
onko sydämessä murhe ja suru
onko poissa ilo
elämästä nauru
jääkö emo tyhjään pesään yksin
tai isälinnun kanssa kaksin
istuuko ne kaksi nyt kotipuun
oksalla vierityksin

Ei niin
ei emo jää suremaan
se menee poikasten perään
menoa iloiten seuraamaan
se on normaalia elämää
ei jää lintuemo oksalle istumaan
ei sydän lintuäidin tyhjäksi jää
poikasten mukana se lentää
elämisen taitoja opettaa
yhdessä ne kaartaa ja liitää
elämäniloja edelleen riittää

Tähtien ihmettelyä

Lapset katsovat tähtitaivasta
he ihailevat näkyä kirkasta
se on kuin ihmeellinen maalaus
tuo avaruus ja tähtitaivaan suuruus

Vanhin lapsista näyttää Pohjantähden
se linjassa on Otavaan nähden
pienemmät ihmeissään kuuntelee
silmät suurina he kaikkea katselee

Ison ja pikku karhun tähtikuvioista
tulee kyllä melkoista sekaannusta
pienemmät ei ymmärrä niistä mitään
onko karhuja siis heidän pihallaan

Sieltä joku muukin tähti erottuu
mutta onhan siellä kirkkaimpana kuu
onkos sillä ikäänkuin silmät ja suu
siitä lapset yhdessä riemastuu

Kun äiti kutsuu lapsia sisälle
riisumaan ja tulemaan iltapalalle
eräs pienistä kysyy kirkkaalla äänellä
miten tähdet pysyy tuolla ylhäällä

Toinen pienimmistä tietää sen
että Jumala on luonut ihmisen
mutta kuinka Hän teki tähtitaivaan
ylös öiselle taivaalle roikkumaan

Kun pöytään istutaan kädet ristitään
ja yhdessä pöydän antimet siunataan
nyt äiti tahtoo tämän kerran
jatkaa rukousta vielä hetken verran

Äiti kiittää kaikista perheen lapsista
hän kiittää kodista ja huolenpidosta
hän kiittää Jumalan valtasuuruudesta
hän kiittää armosta ja Jeesuksesta

Kun aletaan syömään iltapalasta
eräs lapsista toteaa perheen isästä
isä teki tämän talon ja huoneen katon
katosta isä pani roikkumaan valon

Jos meidän isä voi tehdä semmoista
kyllä Jumalakin selviää noista tähdistä
Hän kyllä pitää myös huolta meistä
isästä äidistä ja kaikista perheen lapsista

Täydellinen

Ihmisten täydellinen on aina vajaa
se mikä tänään on täysi
voi olla huomenna ehtynyt
mikä tänään on ehjä
voi olla huomenna säröillä ja rikki
mikä tänään on kaunista
ihaillaan ja puhutaan
että on kuin adonis tai venus
on eräänä päivänä vanhentunut
ei enää täydellinen ja paras
joku muu on mennyt edelle

Jumalan täydellinen voi näyttää
vähäiseltä ja mahdottomalta
ihmisen silmissä liian pieneltä
se alkaa ensin vähästä
se alkaa siemenestä
se haudataan maahan
ja näyttää että se kuolee
mutta se nousee sieltä
ei enää pienenä kovana siemenenä
vaan täynnä elämää
täynnä tuoretta kasvua ja voimaa

Ihmisen täydellisen täytyy kuolla
että Jumalan elämä tulee esiin
ihmisen ylpeys estää Jumalan työn
ihminen on heikko ja vajaa
loppuun asti heikko astia
mutta Jumala rakastaa ihmistä
sitä pientä ja vajavaista
epätäydellistä syntistä ihmistä
Jumalan rakkaus on tullut
täydelliseksi Jeesuksessa
ainoassa täydellisessä Pelastajassa

Se mikä kerran oli pieni lapsi
tallissa jouluna Beetlehemissä
on nyt Voittajana
Herrana ja Kuninkaana taivaassa
Hänen voimansa ei vähene
Hän on täydellinen
Hän ei muutu eikä rapistu
Hänen rakkautensa voittaa
kun kaikki muu katoaa
Hän seisoo viimeisenä
maan multien päällä Voittajana

Täyskäännös

Yritin itse väen väkisin
kaikin voimin änkesin
tien sellaiseksi silloin luulin

Esitin
suoritin
voimiani ponnistin

Parastani yritin
ahkera jos olisin
pitemmälle pääsisin

Jumalalle kelpaisin
autuaaksi tulisin
taivaaseen ehkä pääsisin

Lopulta huomasin
että itse tieni valmistin
itsestäni vain suuren tein

Silloin yrittämisen lopetin
kaduin ympäri käännyin
uskossa alusta aloitin

Itseni luuloista tyhjensin
katsoin vain ylös ristiin
katsoin käsiin arpisiin

Riensin Jeesuksen syliin
luotin niihin sanoihin
että armosta pelastuisin

Syntini tunnustin
tulin luokseen avoimin mielin
Häneltä kaiken anteeksi sain

Ihmeellisen rauhan löysin
muista vajavaisista iloitsin
heitä oikein rakastin

Jotain valtavan suurta koin
kun Jumalan Hengellä täytyin
itseni koin pieneksi vain

Johtoonsa kaiken annoin
kuuliainen olla tahtoisin
Jeesus on mulle kaikkein tärkein

Täällä harjujen mailla

Toiset ovat täällä asuneet aina
syntyneet täällä kotonaan
tallustelleet pienillä jaloillaan
kulkeneet polkuja rantojaan
leikkineet pihoillaan
menneet kouluun ajallaan
eläneet lapsuuttaan
nuoruuttaan
rakentaneet talojaan
varttuneet perustamaan
perhettään
kasvattamaan omia lapsiaan
hekin täällä asumaan

Toiset ovat tulleet muualta
jostain kaupungista tai maalta
kaukaa tai läheltä
etelästä tai idän puolta
ehkä Pohjanmaalta
löytäneet uuden kodin täältä
harjun päältä tai rinteeltä
tai jonkun järven rannalta
pitäjän keskeltä
tai reunamalta
ehkä soramontulta
nyt näyttää jo kaikki tutulta
uusi koti nätiltä ja asutulta

Entiset polvet
ovat tämän rakentaneet
toiset siitä jatkaneet
kalastelleet
maataan viljelleet
muuallakin työssä käyneet
kotijoukkoja hoidelleet
tänne rakkaansa haudanneet
jäähyväiset jättäneet
itkunsa itkeneet
ehkä lohdutuksen myös saaneet
nähneet kesän kuumat helteet
keväät ja talvet syksyn sateet

Nyt rukoilen
anna Isä taivainen
siunauksen sade tälle maalle
kaupungille ja seudulle
sen kaikille asukkaille
pienille ja suurille
uusille ja entisille
kouluille ja työpaikoille
sen jokaiselle kodille
vie meidät sille paikalle
eteesi armonistuimelle
jossa annamme kunnian Sinulle
sydämemme ja kiitoksemme
Jeesukselle

Vastustus

Ammutaan kaikki
mikä liikkuu tai edes liikahtaa

Ei ole totuttu täällä
sellaista katsomaan

Ei ole totuttu siihen
että kuollut herää elämään

Ei ole totuttu siihen
että nuotio syttyy palamaan

Ei ole totuttu kuulemaan
ääniä kevään puhkeavan

Ei suostuta maistamaan
syömään leipää tuoretta lämpimää

Herra auta

Herra armahda meitä

Kun Herra on läsnä
kun Hän puhuu

Kun Hänen työnsä alkaa
kun Hänen tuulensa puhaltaa

Silloin on aika purjeet nostaa
silloin on aika paalut irroittaa

Silloin on aika luokseen kiiruhtaa
silloin on aika kaivosta ammentaa

Kiitos Jeesus avustasi

Kiitos Jeesus armostasi

On aika ristin loistaa
on aika armon koskettaa

On aika Pyhän Hengen tulla
on aika Jeesus kansoille kirkastaa